IMPRESSUM

Math. Lempertz GmbH
Hauptstraße 354
53639 Königswinter
Tel.: 02223 / 90 00 36
Fax: 02223 / 90 00 38
info@edition-lempertz.de
www.edition-lempertz.de

Dieses Kochbuch wurde nach bestem Wissen und
Gewissen verfasst. Weder der Verlag noch der Autor
tragen die Verantwortung für ungewollte Reaktionen
oder Beeinträchtigungen, die aus der Verarbeitung
der Zutaten entstehen.
Der Markenname „Thermomix" ist rechtlich geschützt und
wird nur als Bestandteil der Rezepte verwendet. Für Schäden, die bei
der Zubereitung der Gerichte an Personen oder
Küchengeräten entstehen, wird keine Haftung übernommen.
Bitte beachte die Anwendungshinweise der Gebrauchsanweisung
deines Thermomixgerätes.

 www.facebook.com/MIXtippRezepte

Titelbild: Fotolia
Lektorat: Edition Lempertz, Christina Meuser
Layout/Satz: Kerstin Pfeiffer
Druck und Bindung: Belvédère Print & Packaging BV,
www.TheArtOfMakingBooks.de

ISBN: 978-3-96058-036-2

Bildnachweis:
© fotolia: womue, emmi, wsf-f, Irina Schmidt, Nicoara, nadisja, Rawpixel.com,
Gilles Paire, ChiccoDodiFC, Руслан Сушко, ximich_natali, VadimGuzhva, Rido,
Aleksei Potov, Robert Kneschke, nblxer, Joshua Resnick, Jan Engel, giftulya,
noirchocolate, katedeepomania, galyna2010, miminoshka12, Iplusd, apollocat,
Vector Tradition SM, iceteaimages, Foodlovers
© Sabine Simon

Herausgegeben von

mix tipp

Antje Watermann

SABINE SIMON

Lieblingsdips
& AUFSTRICHE
Kochen mit dem Thermomix®

LEMPERTZ

INHALT

SÜSSE AUFSTRICHE

DIPS

GEBÄCK

LIEBLINGSDIPS & AUFSTRICHE

Liebe Thermomixfreunde,

der Arbeitstag war lang und der Magen knurrt, aber ihr habt keine Lust zu kochen? Nein, jetzt wird nicht der Pizzaservice gerufen, sondern der Tisch gedeckt! Es gibt Abendbrot! Nicht mit langweiligem Brotbelag, sondern mit den Lieblingsdips und Aufstrichen unserer Autorin Sabine Simon.

Das Team mixtipp freut sich besonders, dass Sabine Simon erneut ihre reichhaltige Rezeptsammlung mit uns teilt. Schon in ihrem ersten Buch der mixtipp-Reihe „Partyrezepte II" hat sie ein Kapitel dem Thema „Aufstriche & Snacks" gewidmet. Diesmal verrät sie nicht nur ihre leckersten Rezepte für „obendrauf", sondern auch einige Lieblingsbackwaren für „untendrunter". So kommt mit den über 50 einfachen Rezepten Abwechslung auf den Tisch!
Dabei folgt Sabine Simon ganz dem Trend zur fleischlosen Küche, aber natürlich sind auch Klassiker und süße Leckereien dabei. Es muss auch nicht immer Brot sein, denn Gemüsesticks oder Ofenkartoffeln werden mit leckeren Dips zu einer vollwertigen Mahlzeit. Vielleicht veredelt auch eine selbst gemachte Würzbutter das nächste Partybuffet oder ihr macht jemanden mit einem leckeren, selbst gemachten Mitbringsel eine Freude.

Dein Thermomix® hilft dir wie immer bei der Zubereitung und mit den Hinweisen zu Lagerung und Haltbarkeit kannst du für alle Gelegenheiten etwas Besonderes bereit halten.
Wir wünschen dir viel Spaß beim Nachkochen!

Antje Watermann

Herausgeberin, Edition Lempertz

Lieblingsdips

& AUFSTRICHE

Deutschland ist berühmt für seine Brotvielfalt und die Auswahlmöglichkeiten beim Brotbelag stehen dem in nichts nach. Aber trotzdem wurden meiner Familie und mir Wurst und Käse als Belag manchmal langweilig. Also warum nicht aktiv werden und den Brotaufstrich selbst herstellen?

In der trockenen Theorie ist Brotaufstrich der Oberbegriff für streichfähige Lebensmittel, von dickflüssig bis pastenförmig. In der Praxis sind Aufstriche erfreulicherweise schmackhaft und vielseitig. Grundlage für die Aufstriche in meinem Buch sind Butter, Frischkäse und andere Milchprodukte, Mayonnaise, Gemüse und Nüsse. Frischkäse und Mayonnaise sind mit dem Thermomix® leicht selbst hergestellt, Anleitungen dazu findest du bei den Basisrezepten. Nusspasten lassen sich ebenfalls einfach herstellen und können sowohl süß als auch herzhaft abgewandelt werden.

Das Schöne am Selbermachen ist, dass es nur nach deinem Geschmack und deinen Bedürfnissen geht. Für einen veganen Aufstrich kannst du Butter beispielsweise durch Margarine ersetzen, du kannst den Aufstrich feiner oder stückiger mixen und natürlich mit den Gewürzen und Aromen spielen. Die Kollegen im Büro verzichten vielleicht lieber auf den Knoblauch als Zutat. Immer verzichten kannst du auf Zusatzstoffe und Geschmacksverstärker, denn beim Selbermachen werden die Zutaten frisch und in kleinen Mengen verarbeitet.

Manchmal ist die Zeit knapp und du freust dich, wenn du einfach etwas aus dem Vorratsregal nehmen kannst. Einmal zubereiten und mehrmals genießen, dafür findest du bei jedem Rezept Hinweise zur Lagerung und zur Haltbarkeit. Voraussetzung für ihre Gültigkeit ist jedoch, dass die Rohstoffe beim Herstellen frisch sind, du bei der Ver-

arbeitung hygienisch arbeitest und die Angaben im Rezept genau befolgst. Achte auch darauf, dass der Löffel oder das Messer, mit dem du den Aufstrich entnimmst, immer sauber und frisch ist.

Die angegebenen Zeiten für die Haltbarkeit sind lediglich Richtwerte. Es ist durchaus möglich, dass ein Produkt auch nach der angegebenen Zeit noch einwandfrei ist. Keinesfalls verzehren solltest du Aufstriche und Dips, die schimmeln oder gären! Vertraue auf deine Nase und gehe immer auf Nummer sicher. Entsorge lieber Produkte, die sich in Geschmack und Farbe unangenehm verändert haben.

Flaschen, Gläser und Verschlüsse sollten vor dem Abfüllen gründlich gereinigt werden. Es ist nicht unbedingt notwendig, sie zu sterilisieren, aber sie sollten heiß ausgespült und mit einem frischen Tuch abgetrocknet sein.

Der Hinweis „sofort heiß abfüllen" bedeutet, dass das Produkt beim Verschließen noch mindestens 80°C heiß ist und das Gefäß bis knapp unter den Rand gefüllt wird. Die angegebene Haltbarkeitszeit bezieht sich natürlich auf das verschlossene Produkt und die angegebene Lagerung. Ist das Produkt erst einmal wieder geöffnet, sollte es bald verzehrt werden – aber das sollte bei meinen leckeren Dips und Aufstrichen kein Problem sein!

Sabine Simon

BASISREZEPTE

1 Glas | 5 Min. | leicht

ORIENTALISCHE GEWÜRZMISCHUNG

mixtipp

Du kannst in einem Arbeitsgang natürlich auch größere Mengen dieser Gewürzmischung herstellen!

Zubereitungszeit: 5 Minuten
Utensilien: 1 Schraubglas à 50 ml
Zutaten für 1 Glas

3 TL Majoran, getrocknet

3 TL Oregano, getrocknet

1 TL Kreuzkümmel, getrocknet

1 Chilischote, getrocknet,
z.B. von Bio Wagner

1. Gib Majoran, Oregano, Kreuzkümmel und Chilischote in den Mixtopf und pulverisiere die Zutaten 15 Sekunden/ Stufe 10.

2. Fülle die Mischung in ein sauberes Schraubglas ab. Kühl und dunkel gelagert ist sie drei Monate haltbar.

mixtipp

Diese Gewürzmischung eignet sich hervorragend, um damit den orientalischen Schafskäse-Dip (s. S. 96) herzustellen.

1 Glas   5 Min.   leicht

UMAMI-GEWÜRZMISCHUNG

Zubereitungszeit: 5 Minuten
Utensilien: 1 Schraubglas à 50 ml
Zutaten für 1 Glas

15 g Parmesan, in groben Stücken

15 g Pilze, getrocknet

20 g Tomaten, getrocknet

Pfeffer, nach Belieben

1. Zuerst gibst du den Parmesan in den Mixtopf und zerkleinerst ihn 10 Sekunden/ Stufe 10.

2. Dann gibst du Pilze und Tomaten dazu und zerkleinerst die Zutaten ein weiteres Mal 10 Sekunden/ Stufe 10. Schiebe die Stücke anschließend mit dem Spatel nach unten.

3. Würze die Mischung nach Belieben mit Pfeffer und rühre diesen 2 Sekunden/ Linkslauf/ Stufe 1 unter.

4. Fülle die Gewürzmischung in ein sauberes Schraubglas. Sie ist im Kühlschrank sieben Tage haltbar.

mixtipp

Bereite mit dieser Gewürzmischung die Umami-Butter (s. S. 24) zu.

| 1 Glas | 20 Min. | leicht |

FRISCHKÄSE DIY

Zubereitungszeit: 20 Minuten
Utensilien: Sieb, Tuch und
Schüssel, 1 Schraubglas
à 300 ml
Zutaten für 1 Glas

1000 g Vollmilch

---

30 g Zitronensaft

50–100 g Crème Fraîche
oder Schmand (je mehr, desto
cremiger wird der Frischkäse)

Salz, je nach Weiterverarbeitung und Geschmack

---

1. Gieße als Erstes die Milch in den Mixtopf und erhitze sie 10 Minuten/ 100°C/ Stufe 2.

2. Sobald die Milch kocht, gibst du den Zitronensaft durch die Deckelöffnung dazu und kochst die Milch weiter für 1 Minute/ 100°C/ Stufe 2. Die Milch gerinnt durch diesen Schritt und es entstehen kleine Klümpchen.

3. Lege ein feines Sieb mit einem Tuch aus und hänge es in eine Schüssel. Nun gießt du das Milch-Zitronen-Gemisch hinein und trennst so die Molke vom Frischkäse.

4. Den abgetropften Frischkäse im Sieb gibst du anschließend mit Crème Fraîche oder Schmand in den Mixtopf und verrührst beides 15 Sekunden/ Stufe 4 zu einer cremigen Masse. Zum Schluss schmeckst du den Frischkäse mit Salz ab und füllst ihn in ein sauberes Schraubglas. Im Kühlschrank hält sich der selbst gemachte Frischkäse drei Tage.

mixtipp

Die aufgefangene Molke kannst du mit Früchten und eventuell Honig, Zucker oder Marmelade pürieren. Gib noch Joghurt hinzu und du hast einen erfrischenden Drink!

| 1 Glas | 15 Min. | mittel |

MAYO VON EI BIS LECKER

Zubereitungszeit: 15 Minuten
Utensilien: 1 Schraubglas
à 300 ml
Zutaten für 1 Glas

1 frisches Ei, Größe M

1 TL Senf, mittelscharf

10 g Zitronensaft

¼ TL Salz

Pfeffer, nach Belieben

250 g Rapsöl

1. Als Erstes schlägst du das Ei auf und gibst es in den Mixtopf. Zum Pasteurisieren wird es nun 4 ½ Minuten/ 70°C/ Stufe 1 erhitzt. Das Eiweiß wird hierbei ein bisschen weiß werden, das ist für die Herstellung der Mayonnaise aber kein Nachteil. Lass das pasteurisierte Ei im Mixtopf abkühlen. Löse das Ei mit Hilfe des Spatels vom Rand und vom Mixtopfboden.

2. Gib nun Senf, Zitronensaft sowie Salz und Pfeffer in den Mixtopf. Schließe den Deckel und setze den Messbecher ein. Gieße nun das Öl in den Deckel und lass es langsam 3 Minuten/ Stufe 3,5 zu den übrigen Zutaten einlaufen.

3. Gib die Mayonnaise in ein sauberes Schraubglas und stelle sie bis zum Verzehr im Kühlschrank kalt. Dort hält sie sich etwa eine Woche.

mix*tipp*

Für eine fettreduzierte Mayonnaise gibst du am Ende 100 g Joghurt dazu und mischst diesen 15 Sekunden/ Stufe 3 unter.

mix*tipp*

Um beim TM 31 Stufe 3,5 zu verwenden, stelle diesen einfach zwischen Stufe 3 und Stufe 4 ein.

4 Gläser | 40 Min. | leicht

KETCHUP DIY

Zubereitungszeit: 40 Minuten
Utensilien: 4 Schraubgläser
à 200 ml
Zutaten für 4 Gläser

---

20 g Reis, ungekocht

---

2 Pimentkörner

¼ Sternanis

½ Chilischote, getrocknet,
z.B. von Bio Wagner

---

60 g Rohrzucker, braun

½ TL Zimt

1½ TL Salz

---

5 g Zucker

---

650 g Tomaten, gewaschen,
entstielt, in groben Stücken

---

2 Zwiebeln, geschält und halbiert

---

2 EL dunkler Balsamicoessig

---

1. Als Erstes gibst du Reis, Pimentkörner, Sternanis, Chilischote, Rohrzucker, Zimt, Salz und Zucker in den Mixtopf. Decke den Messbecher mit einem Tuch ab, damit es nicht so staubt und pulverisiere die Zutaten 30 Sekunden/ Stufe 10. Warte anschließend 2 Minuten, bevor du den Deckel öffnest.

2. Wasche die Tomaten, entferne die Stielansätze und schneide sie mit einem Messer in Stücke. Schäle die Zwiebeln und halbiere sie. Füge schließlich Tomatenstücke und Zwiebelhälften sowie Essig zu den Gewürzen in den Mixtopf hinzu und zerkleinere alle Zutaten 15 Sekunden/ Stufe 6.

3. Koche die Tomatenmasse 30 Minuten/ 100°C/ Stufe 1 ein und püriere sie 1 Minute/ Stufe 10. Fülle den Ketchup noch heiß in saubere Schraubgläser und bewahre ihn im Kühlschrank auf. Dort ist er ungeöffnet vier Wochen haltbar.

mixtipp

Variiere mit den Gewürzen.
Verwende eine ganze Chilischote,
wenn du es schärfer magst,
oder füge 1 EL Currypulver
für einen feinen Curry-
Ketchup hinzu.

1 Glas | 10 Min. | leicht

SESAM-ÖFFNE-DICH-MUS

Zubereitungszeit: 10 Minuten
Utensilien: 1 Schraubglas
à 200 ml
Zutaten für 1 Glas

200 g Sesam, geschält oder
ungeschält, je nach Geschmack

¼ TL Salz

1. Röste zuerst den Sesam in einer Pfanne ohne Öl, bis er leicht braun ist. Rühre immer wieder gut, damit der Sesam nicht anbrennt – er wird sonst bitter. Lass den Sesam anschließend auf einem Teller abkühlen.

2. Dann gibst du den abgekühlten, gerösteten Sesam und das Salz in den Mixtopf und mahlst die Zutaten 30 Sekunden/ Stufe 6, bis das Messer leer durchgeht. Schiebe die Sesammasse mit dem Spatel nach unten und wiederhole die Einstellung, bis das Öl aus den gemahlenen Sesamkörnern austritt und eine cremige Masse entsteht. Das ist, je nach Qualität des Sesams, ungefähr nach der fünften bis zehnten Wiederholung der Fall. Achte darauf, dass der Thermomix® nicht überhitzt! Falls das geschieht, lege einfach eine kurze Pause ein.

3. Fülle das fertige Sesammus in ein sauberes Schraubglas. Bei Raumtemperatur gelagert ist es drei Wochen haltbar.

mix*tipp*

Mische 50–80 g Honig, je nach Geschmack, 15 Sekunden/ Stufe 3 unter das fertige Sesammus und du hast eine leckere süße Variante.

mixtipp

Sesammus genießt man pur aufs Brot oder verwendet es zum Kochen, z.B. für „Chili-Paprika-Hummus" (s. S. 104).

WÜRZBUTTER

1 Glas 5 Min. leicht

UMAMI-BUTTER

Zubereitungszeit: 5 Minuten
Utensilien: 1 Schraubglas à 150 ml
Zutaten für 1 Glas

50 g Umami-Gewürzmischung,
selbst gemacht (s. S. 13)

100 g Butter, weich, in Stücken

½ TL Salz

Pfeffer, nach Belieben

Gib die Gewürzmischung, Butter, Salz und
Pfeffer in den Mixtopf. Vermische die
Zutaten 30 Sekunden/ Stufe 3. Fülle die
Umami-Butter in ein fest verschließbares
Schraubglas und bewahre sie im Kühlschrank
auf. Dort hält sie sich zwei Wochen.

mixtipp

Forme die Butter mit Hilfe
von Pergamentpapier oder
Frischhaltefolie zu einer Rolle
und friere sie ein. So hält
sie sich 3 Monate.

1 Glas | 5 Min. | leicht

TURBO-KRÄUTERBUTTER AUS DEM EIS

Zubereitungszeit: 5 Minuten
Utensilien: 1 Schraubglas à 300 ml
Zutaten für 1 Glas

---

1 Knoblauchzehe

---

1 TL Salz

---

1 Päckchen gemischte TK-Kräuter,
z.B. „8 Kräuter" von iglo

---

250 g Butter, weich, in Stücken

---

1. Gib zuerst die Knoblauchzehe in den Mixtopf und zerkleinere sie 8 Sekunden/ Stufe 5. Schiebe die Stücke mit dem Spatel nach unten.

2. Danach gibst du Salz, Kräutermischung und Butter dazu und mischst die Zutaten 10 Sekunden/ Stufe 4.

3. Fülle die Kräuterbutter in ein gut verschließbares Schraubglas. Im Kühlschrank hält sie sich zwei Wochen.

1 Glas 10 Min. leicht

BÄRLAUCH-BUTTER

Zubereitungszeit: 10 Minuten
Utensilien: 1 Schraubglas à 300 ml
Zutaten für 1 Glas

50 g Bärlauchblätter, gewaschen, trockengetupft

250 g Butter, weich, in Stücken

1 TL Zitronensaft

10 g Olivenöl

1 TL Salz

Tabasco, nach Geschmack

1. Zuerst wäschst du den Bärlauch und tupfst ihn mit einem Tuch vorsichtig trocken. Gib die Bärlauchblätter in den Mixtopf und zerkleinere sie 3 Sekunden/ Stufe 5. Schiebe die Masse mit dem Spatel nach unten und wiederhole die Einstellung.

2. Gib Butter, Zitronensaft, Olivenöl, Salz und Tabasco dazu und vermische die Zutaten 30 Sekunden/ Linkslauf/ Stufe 4. Schiebe die Masse mit dem Spatel nach unten und wiederhole gegebenenfalls die Einstellung.

3. Gib die Bärlauch-Butter in ein gut verschließbares Schraubglas und stelle es in den Kühlschrank. Dort ist sie für 2 Wochen haltbar.

mixtipp
Bärlauch ist zwar verwandt mit Schnittlauch, Zwiebeln und Knoblauch, aber sein feines Aroma ist nicht so aufdringlich, also eignet er sich prima auch fürs Büro.

mixtipp
Forme die Butter mit Hilfe von Pergamentpapier oder Frischhaltefolie zu einer Rolle und friere sie ein. So hält sie sich 3 Monate.

1 Glas | 15 Min. | leicht

ERBSEN-MINZE-BUTTER

Zubereitungszeit: 15 Minuten
Utensilien: 1 Schraubglas à 250 ml
Zutaten für 1 Glas

300 g Wasser, warm

130 g Erbsen, TK

1 Prise Salz

6 Pfefferminzblätter, frisch oder
½ TL getrocknet

130 g Butter, weich, in Stücken

½ TL Salz

1. Gib als Erstes Wasser, Erbsen und Salz in den Mixtopf und koche die Erbsen 11 Minuten/ 100°C/ Linkslauf/ Stufe 1 weich.

2. Schütte dann die Erbsen im Garkörbchen ab und fülle sie mit Pfefferminze, Butter und Salz zurück in den Mixtopf. Nun pürierst du die Mischung 1 Minute/ Stufe 5.

3. Gib die Erbsen-Minze-Butter in ein sauberes Schraubglas und lass sie vollständig abkühlen, bevor du sie in den Kühlschrank stellst. Sie ist dort zwei Wochen haltbar.

mixtipp
Forme die Butter mit Hilfe von Pergamentpapier oder Frischhaltefolie zu einer Rolle und friere sie ein. So hält sie sich 3 Monate.

1 Glas | 10 Min. | leicht

WALNUSS? KAROTTE? ALLES IN BUTTER!

Zubereitungszeit: 10 Minuten
Utensilien: 1 Schraubglas
à 250 ml
Zutaten für 1 Glas

---

80 g Walnusskerne

---

50 g Karotten, gewaschen,
in groben Stücken

---

130 g Butter, weich, in Stücken

---

1 TL Salz

Muskatnuss, Anis, gemahlen,
je nach Geschmack

---

1. Als Erstes gibst du die Walnüsse in den Mixtopf, mahlst sie 15 Sekunden/ Stufe 10 und füllst sie in eine separate Schale um.

2. Danach füllst du die Karotten in den Mixtopf und zerkleinerst sie 5 Sekunden/ Stufe 6. Schiebe mit dem Spatel die Karottenstücke nach unten.

3. Füge Butter und Salz in den Mixtopf hinzu und erwärme die Zutaten 3 Minuten/ 50°C/ Stufe 1.

4. Gib nun die gemahlenen Walnüsse hinzu und würze je nach Geschmack mit Muskat oder Anis. Vermische die Zutaten 10 Sekunden/ Stufe 3.

5. Fülle die Walnuss-Karotten-Butter in ein sauberes Schraubglas und lass sie vollständig abkühlen. Im Kühlschrank ist sie zwei Wochen haltbar.

mix*tipp*

Forme die Butter mit Hilfe von Pergamentpapier oder Frischhaltefolie zu einer Rolle und friere sie ein. So hält sie sich 3 Monate.

HERZHAFTE
AUFSTRICHE

1 Glas | 10 Min. | leicht

KULLERCREME –
TOMATE & MACADAMIA

Zubereitungszeit: 10 Minuten
Utensilien: 1 Schraubglas
à 350 ml
Zutaten für 1 Glas

125 g Macadamianüsse,
geröstet und gesalzen

90 g Tomaten, halbgetrocknet,
z.B. Snack-Tomaten von „Orto
Mio", ersatzweise getrocknete
Tomaten

1 TL Paprikapulver, edelsüß

Pfeffer, nach Belieben

85 g Frischkäse, z.B. selbst
gemacht (s. S. 14)

1. Zuerst füllst du die Macadamianüsse in den Mixtopf und mahlst sie 45 Sekunden/ Stufe 6, bis das Messer leer durchgeht. Schiebe die Nussmasse mit dem Spatel nach unten und wiederhole die Einstellung, bis das Öl aus den gemahlenen Nüssen austritt und eine cremige Masse entsteht. Das ist, je nach Qualität der Macadamianüsse, gleich beim ersten Mahlen oder nach der zweiten bis vierten Wiederholung der Fall. Achte dabei darauf, dass der Thermomix® nicht zu heiß wird! Falls das geschieht, lege einfach eine kurze Pause ein.

2. Gib nun Tomaten, Paprikapulver und Pfeffer in den Mixtopf und püriere die Zutaten 10 Sekunden/ Stufe 6. Schiebe die Masse mit dem Spatel nach unten und wiederhole gegebenenfalls die Einstellung.

3. Füge den Frischkäse hinzu und vermische die Zutaten 10 Sekunden/ Stufe 4. Fülle die Creme in ein sauberes Schraubglas und bewahre sie im Kühlschrank auf. Die Creme ist dort drei Tage haltbar.

mix*tipp*

Für eine leckere vegane
Creme lässt du den
Frischkäse einfach weg!

1 Glas | 5 Min. | leicht

MEERRETTICH-FRISCHKÄSE-AUFSTRICH

Zubereitungszeit: 5 Minuten
Utensilien: 1 Schraubglas à 200 ml
Zutaten für 1 Glas

---

15 g Meerrettich, frisch, geschält, in groben Stücken oder 3 TL geriebener Meerrettich aus dem Glas, z.B. von Thomy

---

175 g Frischkäse, Doppelrahmstufe oder selbst gemacht (s. S. 14)

---

1 TL Salz

---

1 Prise Zucker

---

1. Schäle zuerst den Meerrettich und zerkleinere ihn anschließend im Mixtopf 15 Sekunden/ Stufe 6. Schiebe die Masse mit dem Spatel nach unten und wiederhole die Einstellung nochmals.

2. Gib anschließend Frischkäse, Salz und Zucker hinzu und verrühre die Zutaten 15 Sekunden/ Stufe 3, bis eine cremige Masse entsteht.

3. Fülle den Meerrettich-Frischkäse-Aufstrich in ein sauberes Schraubglas und lagere es im Kühlschrank. Dort hält sich der Aufstrich drei Tage.

2 Gläser 5 Min. leicht

MUH MIT NUSS – NUSSIGER KÄSE-AUFSTRICH

Zubereitungszeit: 5 Minuten
Utensilien: 2 Schraubgläser à 200 ml
Zutaten für 2 Gläser

70 g Walnusskerne

170 g Gouda, in groben Stücken

120 g Crème Fraîche

15 g Cognac, ersatzweise Wasser

½ TL Tabasco

¼ TL Salz

1. Zuerst gibst du die Walnusskerne in den Mixtopf und hackst sie 5 Sekunden/ Stufe 6. Fülle sie in eine separate Schale um.

2. Anschließend gibst du die Goudastücke in den Mixtopf und zerkleinerst sie 10 Sekunden/ Stufe 10. Schiebe die Stücke anschließend mit dem Spatel nach unten.

3. Füge die gehackten Walnüsse, Crème Fraîche, Cognac oder Wasser, Tabasco und Salz hinzu und vermische diese Zutaten 7 Sekunden/ Linkslauf/ Stufe 6. Fülle den nussigen Käse-Aufstrich in saubere Schraubgläser. Im Kühlschrank hält er sich drei Tage.

2 Gläser | 5 Min. | leicht

EIER-AUFSTRICH MIT FEINER PUTENBRUST

Zubereitungszeit: 5 Minuten
Utensilien: 2 Schraubgläser
à 250 ml
Zutaten für 2 Gläser

---

2 gekochte Eier, Größe M,
geschält und halbiert

---

200 g Putenbrust, in Scheiben

---

85 g Frischkäse, Doppelrahmstufe oder selbst gemacht
(s. S. 14)

¼ TL Salz

---

1 TL Curry

Pfeffer, nach Belieben

Schäle die gekochten Eier, halbiere sie und gib sie zusammen mit den Putenbrustscheiben, dem Frischkäse, dem Salz, dem Curry und dem Pfeffer in den Mixtopf und zerkleinere die Zutaten 10 Sekunden/ Stufe 4. Fülle den Eier-Aufstrich in saubere Schraubgläser ab und bewahre ihn bis zu zwei Tage im Kühlschrank auf.

mix**tipp**

Garniere den Aufstrich mit
Schnittlauchröllchen.

2 Gläser   10 Min.   leicht

SCHWEIN GEHABT – HERZHAFTER SCHINKEN-AUFSTRICH

Zubereitungszeit: 10 Minuten
Utensilien: 2 Schraubgläser
à 325 ml
Zutaten für 2 Gläser

---

140 g Essiggurken

---

200 g Kochschinken, in Scheiben

---

175 g Frischkäse, Doppelrahmstufe oder selbst gemacht
(s. S. 14)

---

80 g Delikatess-Mayonnaise
oder selbst gemacht (s. S. 16)

½ Bund Schnittlauch oder
½ Kästchen Kresse

½ TL Salz

Pfeffer, nach Belieben

---

1. Gib als Erstes die Essiggurken in den Mixtopf und lege den Schinken gerollt zwischen die Messer. Zerkleinere die Zutaten 6 Sekunden/ Stufe 4.

2. Schiebe die Mischung mit dem Spatel nach unten, gib Frischkäse, Mayonnaise, Kräuter, sowie Salz und Pfeffer dazu und vermische den Aufstrich 10 Sekunden/ Linkslauf/ Stufe 3.

3. Gib den Schinken-Aufstrich in saubere Schraubgläser. Im Kühlschrank hält er sich drei Tage.

2 Gläser | 25 Min. | leicht

LEBERWURST

Zubereitungszeit: 25 Minuten
Utensilien: 2 Schraubgläser
à 300 ml
Zutaten für 2 Gläser

350 g Schinkenschnitzel vom Schwein, in groben Stücken

1 Zwiebel, geschält und halbiert

50 g Sonnenblumenöl

100 g Speckwürfel, z.B. Puszta-Bauchspeck, gewürfelt

200 g Leber vom Rind oder Kalb, in groben Stücken

2 TL Salz

4 TL Majoran, getrocknet

1 Prise Zucker

Pfeffer, nach Belieben

2 EL Wasser

110 g Sahne

1. Schneide die Schnitzel mit einem Messer in grobe Stücke, gib diese in den Mixtopf und zerkleinere sie 10 Sekunden/ Stufe 6. Fülle die Masse in eine separate Schale um.

2. Gib dann die Zwiebelhälften in den Mixtopf, zerkleinere sie 5 Sekunden/Stufe 5 und fülle sie zum gehackten Schweinefleisch.

3. Anschließend gibst du in eine Pfanne 25 g Sonnenblumenöl und brätst das Schweinefleisch und die Zwiebeln zusammen mit den Speckwürfeln scharf an.

4. Danach schneidest du die Rinderleber mit einem Messer in grobe Stücke und gibst diese in den Mixtopf. Zerkleinere die Leber 3 Sekunden/ Stufe 6. Schiebe die Reste mit dem Spatel nach unten.

5. Füge nun den angebratenen Pfanneninhalt sowie Salz, Majoran, Zucker, Pfeffer, 25 g Sonnenblumenöl und Wasser hinzu. Erhitze die Zutaten 14 Minuten/ 100°C/ Stufe 1.

6. Gieße zum Schluss die Sahne durch die Deckelöffnung hinzu und püriere die Leberwurst 20 Sekunden/ Stufe 7–10. Fülle sie noch heiß in saubere Schraubgläser ab, sie hält sich im Kühlschrank fünf Tage.

mix**tipp**

Bestreue die Leberwurst zum Servieren mit Schnittlauchröllchen!

2 Gläser

5 Min.

leicht

LACHS-AUFSTRICH

Zubereitungszeit: 5 Minuten
Utensilien: 2 Schraubgläser à 200 ml
Zutaten für 2 Gläser

150 g reifer Weichkäse, z.B. Camembert

15 g Kapern

2 TL Kapernwasser

35 g Sahne

100 g Räucherlachs, kleingeschnitten

1. Zuerst gibst du Weichkäse, 5 g Kapern und Kapernwasser in den Mixtopf und pürierst die Zutaten 10 Sekunden/ Stufe 5. Schiebe die Masse mit dem Spatel nach unten und löse den Weichkäse auch vom Mixtopfboden.

2. Als Nächstes gibst du Sahne in den Mixtopf und vermischst sie 10 Sekunden/ Stufe 5 mit der Weichkäse-Kapern-Masse.

3. Als letzten Schritt gibst du den kleingeschnittenen Räucherlachs und die restlichen 10 g Kapern in den Mixtopf und vermischst die Zutaten noch mal 10 Sekunden/ Linkslauf/ Stufe 3. Danach gibst du den Lachs-Aufstrich in saubere Schraubgläser. Bewahre ihn im Kühlschrank auf und verzehre ihn am besten innerhalb von zwei Tagen.

mixtipp
Bestreue den Aufstrich zum Anrichten noch mit einer Handvoll ganzen Kapern.

2 Gläser | 5 Min. | leicht

THUNFISCH-BOHNEN-CREME

mixtipp

Das Sonnenblumenöl aus der Dose kannst du zum Kochen verwenden.

Zubereitungszeit: 5 Minuten
Utensilien: 2 Schraubgläser à 250 ml
Zutaten für 2 Gläser

130 g Thunfisch in Sonnenblumenöl, abgetropft, aus der Dose

280 g weiße Bohnen aus der Dose, abgetropft

¼ TL Salz

Pfeffer, nach Geschmack

1 TL Kapernflüssigkeit, alternativ Zitronensaft

15 g Kapern

1. Gieße als Erstes den Thunfisch ab und gib ihn in den Mixtopf.

2. Gib Bohnen, Salz, Pfeffer und Kapernflüssigkeit zum Thunfisch und zerkleinere die Zutaten 15 Sekunden/ Stufe 5.

3. Schiebe die Mischung mit dem Spatel nach unten, füge die Kapern hinzu und vermische alles 5 Sekunden/ Linkslauf /Stufe 3.

4. Anschließend füllst du die Thunfisch-Bohnen-Creme in ein sauberes Schraubglas. Im Kühlschrank ist sie fünf Tage haltbar.

VEGETARISCHE & VEGANE AUFSTRICHE VON A–Z

1 Glas | 10 Min. | leicht

APFEL-ZWIEBEL-AUFSTRICH

Zubereitungszeit: 10 Minuten
Utensilien: 1 Schraubglas à 350 ml
Zutaten für 1 Glas

150 g Äpfel, ungeschält, in groben Stücken

1 Zwiebel, geschält und halbiert

180 g Butter, weich, in Stücken

½ TL Salz

1. Wasche zuerst die Äpfel, entkerne sie und schneide sie in Stücke. Anschließend schälst und halbierst du die Zwiebel und gibst sie zusammen mit den Apfelstücken in den Mixtopf. Zerkleinere nun die Apfel-Zwiebel-Mischung 5 Sekunden/ Stufe 5 und schiebe die Stücke mit dem Spatel nach unten.

2. Füge Butter und Salz in den Mixtopf hinzu und koche die Zutaten 6 Minuten/ Varoma/ Stufe 2. Fülle den Apfel-Zwiebel-Aufstrich in ein sauberes Schraubglas und lass ihn vollständig auf Zimmertemperatur abkühlen. Im Kühlschrank ist er ungeöffnet zwei Wochen haltbar.

mix*tipp*

Für eine vegane Variante kannst du die Butter durch Margarine ersetzen.

1 Glas   15 Min.   leicht

KÜRBISKERN-AUFSTRICH

Zubereitungszeit: 15 Minuten
Utensilien: 1 Schraubglas à 250 ml
Zutaten für 1 Glas

120 g Kürbiskerne

70 g Parmesan, in groben Stücken

½ getrocknete Chilischote, z.B. von Bio Wagner

50 g Kürbiskernöl

50 g Öl, z.B. Sonnenblumen- oder Rapsöl

½ TL Salz

1. Als Erstes röstest du die Kürbiskerne in einer Pfanne ohne Öl an, bis sie knacken. Sie dürfen nicht anbrennen, deshalb musst du ab und zu rühren. Lass die Kerne anschließend auf einem Teller etwas abkühlen.

2. Nun gibst du Parmesan und Chili in den Mixtopf und zerkleinerst die Zutaten 10 Sekunden/ Stufe 10. Schiebe die Parmesan-Chili-Mischung mit dem Spatel nach unten.

3. Gib nun die angerösteten Kürbiskerne, die Öle und das Salz hinzu und püriere daraus in 20 Sekunden/ Stufe 6 eine glatte Masse. In einem Schraubglas hält sich der Kürbiskern-Aufstrich im Kühlschrank drei Tage.

mixtipp
Der Aufstrich schmeckt auch als Pesto zu Nudeln sehr fein.

mixtipp
Wer mag, kann zusätzlich in Schritt 2 eine halbe Knoblauchzehe in den Aufstrich geben.

2 Gläser | 10 Min. | leicht

KIDNEYBOHNEN-CREME

Zubereitungszeit: 10 Minuten
Utensilien: Sieb, 2 Schraub-
gläser à 200 ml
Zutaten für 2 Gläser

255 g Kidneybohnen aus der
Dose, abgespült, abgetropft

2 Zwiebeln, geschält und halbiert

100 g Butter, weich, in Stücken

1 TL Salz

4 TL Majoran, getrocknet

½ TL Pfeffer

1 TL Petersilie, getrocknet

1. Wasche zunächst die Kidneybohnen in einem Sieb unter fließendem Wasser ab und lass sie abtropfen.

2. Gib dann die Zwiebelhälften in den Mixtopf und zerkleinere sie 5 Sekunden/ Stufe 5. Schiebe anschließend die Reste mit dem Spatel nach unten und wiederhole die Einstellung. Schiebe die Reste mit dem Spatel wieder nach unten und füge die Butterstücke in den Mixtopf hinzu. Dünste die Zutaten 4 Minuten/ Varoma/ Stufe 1.

3. Füge jetzt die abgetropften Kidneybohnen, das Salz, den Majoran, den Pfeffer und die Petersilie hinzu und vermische die Zutaten 10 Sekunden/ Stufe 5. Schiebe anschließend die Masse mit dem Spatel nach unten und wiederhole die Einstellung.

4. Zum Schluss setzt du den Schmetterling ein und schlägst die Kidneybohnen-Creme 15 Sekunden/ Stufe 3 auf. Fülle die fertige Creme in saubere Schraubgläser. Im Kühlschrank aufbewahrt ist sie zwei Wochen haltbar.

mix*tipp*
Für eine vegane Variante kannst du die Butter durch Margarine ersetzen.

4 Gläser | 30 Min. | leicht

LINSEN-PILZ-AUFSTRICH

Zubereitungszeit: 30 Minuten
Utensilien: 4 Schraubgläser
à 200 ml
Zutaten für 4 Gläser

250 g gelbe oder rote Linsen

1570 g Wasser

1 große Zwiebel, geschält und halbiert

15 g Steinpilze, getrocknet

50 g Sonnenblumenöl

½ Bund Schnittlauch, in Röllchen

2 ½ TL Salz + nach Belieben zum Abschmecken

1 TL Zucker

1 TL Tabasco

3 TL Kurkuma, gemahlen

1 EL Zitronensaft

Pfeffer, nach Belieben

1. Gib zuerst die Linsen in das Garkörbchen, wasche sie unter fließendem Wasser ab und lass sie abtropfen.

2. Fülle 1500 g Wasser in den Mixtopf und setze das Garkörbchen mit den Linsen ein. Gare die Linsen unter Beobachtung 15 Minuten/ 100°C/ Stufe 1. Falls die Linsen drohen überzukochen, reduziere die Temperatur auf 90°C. Entnehme anschließend mithilfe des Spatels vorsichtig das Garkörbchen. Lass die Linsen abtropfen und leere den Mixtopf.

3. Gib nun die Zwiebelhälften in den Mixtopf und zerkleinere sie 5 Sekunden/ Stufe 5. Schiebe die Reste mit dem Spatel nach unten und füge die Pilze und das Öl hinzu. Dünste die Zwiebel-Pilz-Mischung 3 Minuten/ Varoma/ Stufe 1.

4. Füge die gekochten Linsen, die restlichen 70 g Wasser, die Schnittlauchröllchen, das Salz, den Zucker, das Tabasco und die Kurkuma in den Mixtopf hinzu. Koche alle Zutaten weitere 4 ½ Minuten/ 100°C/ Stufe 1.

5. Füge den Zitronensaft durch die Deckelöffnung hinzu und püriere die Mischung 30 Sekunden/ Stufe 6 zu einer cremigen Masse. Zuletzt schmeckst du den Linsen-Pilz-Aufstrich kräftig mit Salz und Pfeffer ab und verrührst ihn weitere 20 Sekunden/ Stufe 6. Verteile den Aufstrich noch heiß in saubere Schraubgläser und bewahre ihn im Kühlschrank auf. So ist er ungeöffnet zwei Wochen haltbar.

mixtipp
Wenn du gerne Knoblauch magst, gib im 3. Schritt zusätzlich 1–2 geschälte Zehen in den Mixtopf und zerkleinere sie zusammen mit der halbierten Zwiebel.

| 2 Gläser | 15 Min. | leicht |

PIZZA-AUFSTRICH – KAROTTE & TOMATE

Zubereitungszeit: 15 Minuten
Utensilien: 2 Schraubgläser
à 250 ml
Zutaten für 2 Gläser

---

1 Zwiebel, geschält und halbiert

---

1 Knoblauchzehe

---

250 g Karotten, ungeschält,
in groben Stücken

---

100 g Butter, weich, in Stücken

---

120 g Tomatenmark, 2-fach
konzentriert

---

2 TL Salz

---

2 TL Oregano, frisch oder
1 TL getrocknet

---

2 TL Zucker

1. Fülle zuerst Zwiebel, Knoblauch, Karotten und Butter in den Mixtopf und zerkleinere die Zutaten 7 Sekunden/ Stufe 7. Schiebe die Reste mit dem Spatel nach unten und püriere sie nochmals 4–5 Sekunden/ Stufe 7.

2. Gib dann Tomatenmark, Salz, Oregano und Zucker in den Mixtopf und dünste die Mischung 4 Minuten/ 100°C/ Stufe 1.

3. Schmecke anschließend den Pizza-Aufstrich ab und fülle ihn noch heiß in saubere Schraubgläser. Ungeöffnet ist er drei Wochen haltbar.

mixtipp

Dieser Brotaufstrich eignet sich auch sehr gut als Nudelsauce. Die Menge reicht für etwa 500 g Nudeln bzw. 4 Portionen.

2 Gläser · 5 Min. · leicht

ROTE-BETE-AUFSTRICH MIT CHIA-SAMEN

Zubereitungszeit: 5 Minuten
Utensilien: 2 Schraubgläser
à 200 ml
Zutaten für 2 Gläser

30 g Chia-Samen

190 g Rote Bete, gegart und geschält, in groben Stücken

2 TL Meerrettich, z.B. Tafel-Meerrettich von Schamel

200 g Schmand

1 TL Zucker

1½ TL Salz

1. Als Erstes gibst du die Chia-Samen in den Mixtopf und mahlst sie 15 Sekunden/ Stufe 10.

2. Danach fügst du die Rote-Bete-Stücke zu den Chia-Samen hinzu und zerkleinerst sie 5 Sekunden/ Stufe 6. Schiebe die Mischung mit dem Spatel nach unten.

3. Anschließend gibst du Meerrettich, Schmand, Zucker und Salz in den Mixtopf und mischst diese Zutaten 15 Sekunden/ Stufe 3. Fülle den Rote-Bete-Aufstrich in saubere Schraubgläser. Im Kühlschrank gelagert ist er drei Tage haltbar.

mixtipp

Für einen Rohkost-Dip lässt du die Chia-Samen weg und ersetzt die gegarte Rote Bete durch 180 g rohe, geschälte Rote Bete in Stücken. Trage am besten Einmalhandschuhe, weil frische Rote Bete stark färbt, und verarbeite sie mit den restlichen Zutaten wie oben beschrieben.

1 Glas   10 Min.   leicht

RUCOLA-PESTO-AUFSTRICH

Zubereitungszeit: 10 Minuten
Utensilien: 1 Schraubglas
à 250 ml
Zutaten für 1 Glas

---

100 g Parmesan, in groben
Stücken

20–50 g Rucola, gewaschen
und trockengetupft

---

60 g Pinienkerne

---

40 g Mandeln

---

1 TL Salz

---

60 g Olivenöl

---

1. Gib die Parmesanstücke in den Mixtopf und zerkleinere sie 10 Sekunden/ Stufe 10. Fülle den gerie-
benen Parmesan in eine separate Schale um.

2. Als Nächstes wäschst du den Rucola, tupfst ihn
trocken und schneidest ihn mit einem Messer in etwa
5 cm lange Stücke.

3. Gib nun Rucola, Pinienkerne, Mandeln und Salz in
den Mixtopf und zerkleinere die Zutaten 15 Sekun-
den/ Stufe 6. Schiebe die Mischung mit dem Spatel
nach unten und püriere sie nochmals 5 Sekunden/
Stufe 6.

4. Schiebe die Masse wieder mit dem Spatel nach
unten und füge Olivenöl und Parmesan hinzu. Püriere
die Zutaten 10 Sekunden/ Stufe 4, bis eine feine
Paste entsteht. Fülle den Rucola-Pesto-Aufstrich mög-
lichst ohne Lufteinschlüsse in ein sauberes Schraubglas
und bedecke die Oberfläche mit Öl. So hält er sich
ungeöffnet vier Wochen im Kühlschrank.

mixtipp
Du kannst den Rucola auch
ganz oder teilweise durch
Blattpetersilie oder junge
Löwenzahnblätter ersetzen!

mix*tipp*

Schmeckt auch gut als Sauce zu Nudeln.

2 Gläser   15 Min.   leicht

ZUCCHINI-BASILIKUM-AUFSTRICH

Zubereitungszeit: 15 Minuten
Utensilien: 2 Schraubgläser
à 200 ml
Zutaten für 2 Gläser

3 EL Süßlupinenmehl, aus dem Reformhaus oder Bio-Laden, z.B. von „Gesund & Leben"

60 g Öl, z.B. Oliven-, Sonnenblumen- oder Rapsöl

330 g Zucchini, gewaschen, in groben Stücken

10 g frische Basilikumblätter

½ Chilischote, getrocknet, z.B. von Bio Wagner

5 g Salz

2 TL Zitronensaft

½ TL Zucker

1. Röste zuerst das Süßlupinenmehl in einer heißen Pfanne mit dem Öl goldbraun an und gib es anschließend in den Mixtopf.

2. Wasche nun die Zucchini und die Basilikumblätter. Schneide die Zucchini mit einem Messer in Stücke und gib diese zusammen mit den Basilikumblättern in den Mixtopf.

3. Füge schließlich Chilischote, Salz, Zitronensaft und Zucker hinzu. Püriere die Zutaten 20 Sekunden/ Stufe 8 zu einer fluffigen Masse. Abgefüllt in saubere Schraubgläser ist der Zucchini-Basilikum-Aufstrich im Kühlschrank zwei Tage haltbar, aber am leckersten ist er, wenn du ihn sofort servierst.

mixtipp

Du kannst den Aufstrich auch ohne Süßlupinenmehl zubereiten. Röste dann die Zucchinischeiben mit Öl in einer Pfanne an und verarbeite sie mit den übrigen Zutaten weiter wie oben beschrieben.

mixtipp

Mit dem Öl, das du verwendest, beeinflusst du den Geschmack: Olivenöl hat einen intensiveren, mediterranen Geschmack, Sonnenblumen- oder Rapsöl sind milde, geschmacksneutrale Öle.

SÜSSE AUFSTRICHE

1 Glas

25 Min.

leicht

KARAMELL-CREME MIT WEISSER SCHOKOLADE

Zubereitungszeit: 25 Minuten
Utensilien: 1 Schraubglas à 250 ml
Zutaten für 1 Glas

30 g weiße Schokolade

400 g gesüßte Kondensmilch,
z.B. „Milchmädchen" von Nestlé

½ TL Salz

1. Als Erstes gibst du die Schokolade in den Mixtopf und zerkleinerst sie 5 Sekunden/ Stufe 6, dann füllst du sie in ein separates Schälchen um.

2. Gib nun die gesüßte Kondensmilch und das Salz in den Mixtopf, setze den Schmetterling ein und koche daraus ohne Messbecher 20 Minuten/ Varoma/ Stufe 3 eine Karamell-Creme.

3. Entferne den Schmetterling, gib die geriebene Schokolade hinzu und verrühre sie 20 Sekunden/ Stufe 3. Fülle die Karamell-Creme noch heiß in ein sauberes Schraubglas und verwahre sie im Kühlschrank bis zu drei Wochen.

mixtipp

Die Karamell-Creme wird auch ohne die Schokolade fest und schmeckt auch „solo" sehr lecker.

2 Gläser 10 Min. leicht

HALLO WACH – KAFFEE-CREME

mixtipp

Für mehr „Crunch" gibst du unter Schritt 2 anstelle von gemahlenem Kaffeepulver, 1 TL grob gemahlenes Kaffeepulver in den Aufstrich.

Zubereitungszeit: 10 Minuten
Utensilien: 2 Schraubgläser à 200 ml
Zutaten für 2 Gläser

200 g weiße Schokolade, in groben Stücken

2 TL Kaffeepulver, gemahlen

100 g Milch

100 g Butter, weich, in Stücken

30 g Rohrzucker, braun

1. Als Erstes gibst du die Schokolade in den Mixtopf und zerkleinerst sie 15 Sekunden/ Stufe 5. Schiebe anschließend die Reste mit dem Spatel nach unten.

2. Danach gibst du Kaffeepulver, Milch, Butter und Rohrzucker in den Mixtopf und erwärmst die Mischung 8 Minuten/ 50°C/ Stufe 1.

3. Gib die fertige Kaffee-Creme noch heiß in saubere Schraubgläser, lass sie abkühlen und bewahre die Gläser im Kühlschrank für maximal zwei Wochen auf.

1 Glas | 5 Min. | leicht

PEANUTBUTTER

Zubereitungszeit: 5 Minuten
Utensilien: 1 Schraubglas
à 200 ml
Zutaten für 1 Glas

200 g Erdnüsse, geröstet und ungesalzen

1 Prise Salz

1. Gib als Erstes die Erdnüsse mit dem Salz in den Mixtopf und mahle sie 15 Sekunden/ Stufe 6, bis das Messer leer durchgeht. Schiebe die Erdnussmasse mit dem Spatel nach unten und wiederhole die Einstellung, bis das Messer erneut leer durchgeht. Danach schiebst du die Erdnussmasse mit dem Spatel wieder nach unten. Wiederhole diese Schritte, bis aus dem Erdnussbrei das Öl austritt und eine cremige Masse entsteht. Das ist, je nach Qualität der Erdnüsse, ungefähr nach der dritten bis vierten Wiederholung der Fall. Achte darauf, dass der Thermomix® nicht überhitzt! Falls das geschieht, lege einfach eine kurze Pause ein.

2. Fülle die Peanutbutter zur Aufbewahrung in ein sauberes Schraubglas um. Bei Raumtemperatur und dunkel gelagert hält sie sich drei Wochen.

mixtipp
Du kannst deine Peanutbutter ganz cremig pürieren oder sie crunchy mit Stückchen lassen.

mixtipp
Wenn du es gerne ein bisschen süßer magst, rühre noch 2 EL Honig unter die Erdnussmasse 10 Sekunden/ Stufe 1, wenn sie gemahlen ist.

mixtipp

Verwende Peanutbutter
auch für Salatdressings,
Saucen oder Suppen.

1 Glas　　15 Min.　　leicht

ERDNUSS-SCHOKO-CRUNCHY

Zubereitungszeit: 15 Minuten
Utensilien: 1 Schraubglas
à 250 ml
Zutaten für 1 Glas

100 g Erdnüsse, geröstet und gesalzen

15 g Butter

40 g Zucker

15 g Wasser

150 g Karamellschokolade mit cremiger Füllung, z.B. von Milka, in groben Stücken

30 g Sonnenblumenöl

1. Als Erstes gibst du Erdnüsse, Butter und Zucker in den Mixtopf und karamellisierst die Erdnüsse 5 Minuten/ Varoma/ Linkslauf/ Sanftrührstufe. Schiebe danach die Masse mit dem Spatel nach unten.

2. Füge nun das Wasser durch die Deckelöffnung hinzu und karamellisiere die Erdnüsse nochmals ohne den Messbecher 7 Minuten/ Varoma/ Linkslauf/ Stufe 1.

3. Setze den Messbecher wieder auf und hacke die Erdnüsse 10 Sekunden/ Stufe 5. Fülle sie nun in eine separate Schüssel um.

4. Als Nächstes gibst du die Schokolade in den Mixtopf, da der Mixtopf noch warm ist, schmilzt die Schokolade an. Zerkleinere die Schokolade 8 Sekunden/ Stufe 8 und schiebe sie anschließend mit dem Spatel nach unten.

5. Füge die karamellisierten Erdnüsse und das Öl dazu und vermische sie mit der Schokolade 10 Sekunden/ Stufe 3. Schiebe gegebenenfalls die Masse mit dem Spatel nach unten und verrühre die Erdnuss-Schoko-Mischung nochmals 15 Sekunden/ Stufe 5.

6. Fülle das Crunchy in ein Glas und bewahre es bis zum Verzehr im Kühlschrank auf. Haltbarkeit? Nicht lange, weil zu lecker... Sonst sieben Tage.

6 Gläser   25 Min.   mittel

HASELADE

Zubereitungszeit: 25 Minuten
Utensilien: 6 Schraubgläser
à 300 ml
Zutaten für 6 Gläser

150 g Haselnüsse

10 Pfefferminzblätter oder
etwas Zimt, je nach Geschmack

110 g Sonnenblumenkerne

5 Äpfel, gewaschen, entkernt,
in groben Stücken

30 g Zitronensaft

130 g Wasser

900 g Gelierzucker 1:1

1. Als Erstes gibst du Haselnüsse, Pfefferminzblätter oder Zimt und Sonnenblumenkerne in den Mixtopf, zerkleinerst die Zutaten 15 Sekunden/ Stufe 10 und schiebst die Masse anschließend mit dem Spatel nach unten.

2. Wasche nun die Äpfel, entferne jeweils das Kerngehäuse, schneide sie in grobe Stücke und wiege 500 g Apfelstücke zum Nussmehl in den Mixtopf. Anschließend pürierst du die Mischung 10 Sekunden/ Stufe 8 und schiebst sie dann wieder mit dem Spatel nach unten.

3. Gieße nun Zitronensaft und Wasser durch die Deckelöffnung hinzu und koche das Nuss-Apfel-Gemisch 5 Minuten/ 100°C/ Stufe 2.

4. Als letzten Schritt gibst du den Gelierzucker hinzu und kochst die Zutaten 10 Minuten/ 100°C/ Stufe 2 zu Marmelade. Noch heiß in saubere Schraubgläser füllen und sofort verschließen, so ist die Haselade für vier Monate haltbar.

1 Glas | 25 Min. | leicht

PISTAZIEN-CREME „ORIENTALISCHE VERFÜHRUNG"

Zubereitungszeit: 25 Minuten
Utensilien: 1 Schraubglas
à 350 ml
Zutaten für 1 Glas

150 g Pistazien, ungesalzen, geröstet und geschält

110 g Zucker

115 g Wasser

1 Prise Salz

abgeriebene Schale von 1 Zitrone

30 g Butter

1. Gib zunächst die Pistazien, den Zucker und 90 g Wasser in den Mixtopf. Karamellisiere die Pistazien ohne Messbecher 10 Minuten/ Varoma/ Stufe 1. Stelle dabei das Garkörbchen als Spritzschutz auf die Öffnung.

2. Nach Ablauf der Zeit kontrollierst du, ob das Wasser schon verkocht ist. Falls nicht, karamellisierst du die Pistazien noch weitere 4 Minuten/ 100°C/ Stufe 1 ohne Messbecher. Achte darauf, dass du den Vorgang beendest, bevor kein Wasser mehr im Mixtopf ist, da die Mischung sonst anbrennt. Fülle die karamellisierten Pistazien zum Abkühlen in eine separate Schale um.

3. Gib die abgekühlten, karamellisierten Pistazien zurück in den Mixtopf und füge Zitronenschale und Salz dazu. Diese Mischung zerkleinerst du 15 Sekunden/ Stufe 6 und schiebst sie mit dem Spatel wieder nach unten.

4. Nun gib Butter und 25 g Wasser in den Mixtopf und püriere die Zutaten 15 Sekunden/ Stufe 6. Schiebe die Masse mit dem Spatel wieder nach unten und wiederhole die Einstellung so oft, bis eine cremige Masse entsteht.

5. Fülle die Pistazien-Creme in ein sauberes Schraubglas und bewahre sie im Kühlschrank maximal drei Wochen auf.

2 Gläser | 10 Min. | leicht

SCHOKOLADIGER HUMMUS

Zubereitungszeit: 10 Minuten
Utensilien: Sieb, 2 Schraub-
gläser à 250 ml
Zutaten für 2 Gläser

265 g Kichererbsen, aus der
Dose, abgetropft

135 g ungesüßte Kokosmilch

15 g Sesammus (s. S. 20)

20 g Kakaopulver, zum Backen

75 g Rohrzucker, braun

1 Pck. Vanillezucker oder das
Mark einer ½ Vanilleschote

1 Prise Salz

1. Lass zuerst die Kichererbsen in einem Sieb abtrop-fen und gib sie anschließend in den Mixtopf. Öffne vorsichtig die Dose Kokosmilch und gib die obere feste Masse der Kokosmilch in den Mixtopf. Achte darauf, dass die Dose nicht zu warm stand, und schüt-tele sie nicht, damit sich das Kokosfett gut absetzen kann. Sollte nicht genügend feste Kokosmasse in der Dose sein, ergänze die fehlende Menge mit flüssiger Kokosmilch.

2. Füge nun Sesammus, Kakaopulver, Rohrzucker, Vanillezucker und Salz hinzu und püriere die Zutaten 1 Minute/ Stufe 5–10 ansteigend. Schiebe die Reste mit dem Spatel nach unten und püriere nochmals 15 Sekunden/ Stufe 5. Fülle den schokoladigen Hummus in saubere Schraubgläser und bewahre ihn bis zu sieben Tage im Kühlschrank auf.

mix**tipp**

Wenn du es noch süßer
magst, gib einfach etwas
mehr Rohrzucker dazu.

1 Glas   10 Min.   leicht

STUDENTENFUTTER-AUFSTRICH

Zubereitungszeit: 10 Minuten
Utensilien: 1 Schraubglas
à 300 ml
Zutaten für 1 Glas

150 g Nussmischung,
z.B. Cashewkerne, Haselnüsse,
Mandeln, Walnüsse

150 g Rosinen oder Sultaninen

35 g Honig

10 g Rum oder Wasser

1. Gib zunächst die Nussmischung in den Mixtopf und mahle sie 15 Sekunden/ Stufe 10. Schiebe anschließend die Stückchen mit dem Spatel nach unten und mahle sie nochmals 30 Sekunden/Stufe 4. Nun sollte das Öl aus den Nüssen ausgetreten sein und das Nussmehl sich zu einer Masse vermischt haben. Ist dies noch nicht der Fall, schiebe die gehackten Nüsse mit dem Spatel wieder nach unten und mahle sie noch einmal 30 Sekunden/ Stufe 4.

2. Danach gibst du die Rosinen/Sultaninen zur Nussmischung und zerkleinerst sie 15 Sekunden/ Stufe 10. Dann schiebst du die Reste mit dem Spatel nach unten und mischst die Masse ein weiteres Mal 15 Sekunden/ Stufe 4.

3. Zum Schluss fügst du Honig und Rum oder Wasser dazu und vermengst die Zutaten 10 Sekunden/Stufe 4 zu einer cremigen Masse. Fülle den Studentenfutter-Aufstrich in ein sauberes Schraubglas. Dunkel und kühl gelagert ist er drei Wochen haltbar.

1 Glas | 10 Min. | leicht

JINGLE BELLS – CREMIGER WEIHNACHTS-AUFSTRICH

Zubereitungszeit: 10 Minuten
Utensilien: 1 Schraubglas
à 300 ml
Zutaten für 1 Glas

1 Nelke

200 g Gewürzspekulatius

75 g Rohrzucker, braun

55 g Butter, weich, in Stücken

120 g Kondensmilch, 10 % Fett

1 TL Zimt

1. Als Erstes gibst du die Nelke und den Spekulatius in den Mixtopf und mahlst beides 10 Sekunden/ Stufe 10.

2. Schiebe die pulverisierte Masse mit dem Spatel nach unten, gib den Rohrzucker dazu und mahle die Zutaten 10 Sekunden/ Stufe 10. Fülle danach die Spekulatius-Zucker-Mischung in eine separate Schale um.

3. Als Nächstes gibst du Butter und Kondensmilch in den Mixtopf und erwärmst beides 3 Minuten/ 50°C/ Stufe 1.

4. Zum Schluss gibst du die gemahlene Spekulatius-Zucker-Mischung und den Zimt in den Mixtopf und verrührst die Zutaten 20 Sekunden/ Stufe 4 zu einem cremigen Aufstrich.

5. Fülle den Weihnachts-Aufstrich in ein sauberes Schraubglas und lagere ihn für maximal drei Wochen im Kühlschrank.

8 Gläser   20 Min.   leicht

ERDBEER-RHABARBER-MARMELADE MIT SCHOKOLADENSTÜCKCHEN

Zubereitungszeit: 20 Minuten
Utensilien: 8 Schraubgläser
à 200 ml
Zutaten für 8 Gläser

---

425 g Rhabarber, gewaschen
und geschält, in groben Stücken

---

500 g Erdbeeren, gewaschen,
entgrünt und halbiert

---

1 Pck. Vanillezucker oder 1 Msp.
geriebene Tonkabohne

1000 g Gelierzucker 1:1

---

75 g Schokolade in groben
Stücken, Sorte nach Belieben

---

1. Zuerst wäschst und schälst du den Rhabarber und schneidest ihn mit einem Messer in Stücke. Wasche die Erdbeeren, befreie sie vom Grün und halbiere sie. Gib das Obst in den Mixtopf und püriere es 10 Sekunden/ Stufe 5. Schiebe die Reste mit dem Spatel nach unten.

2. Danach fügst du den Vanillezucker oder die geriebene Tonkabohne und den Gelierzucker hinzu und kochst die Zutaten 16 Minuten/ 100°C/ Stufe 2.

3. Rühre anschließend die Marmelade weitere 5 Sekunden/ Stufe 4. Öffne danach den Mixtopfdeckel und lass die Marmelade etwas abkühlen, bevor du die Schokoladenstücke hinzufügst. Rühre sie 20 Sekunden/ Stufe 2 unter. Du kannst auch länger rühren, dann werden die Schokoladenstückchen immer kleiner.

4. Fülle schließlich saubere Schraubgläser erst zur Hälfte und in einem zweiten Durchgang bis zum Rand mit Marmelade. So verteilt sich die Schokolade gleichmäßig. Die Marmelade ist ungeöffnet etwa vier Monate haltbar.

mix*tipp*
Kombiniere auch einmal Zwetschgenmarmelade mit Schokolade!

mixtipp

Du findest Tonkabohnen bei den Gewürzen, reibe sie am besten auf einer Muskatreibe.

4 Gläser | 40 Min. | leicht

CHERRY-CURD

Zubereitungszeit: 40 Minuten
Utensilien: 4 Schraubgläser
à 200 ml
Zutaten für 4 Gläser

300 g Kirschen, frisch,
gewaschen und entkernt oder TK

4 Eier, Größe M

150 g Butter, weich, in Stücken

40 g Zitronensaft

200 g Zucker

1. Wasche als Erstes die Kirschen und entkerne sie. Wiege 300 g Kirschen in den Mixtopf ein und füge Eier, Butter, Zitronensaft und Zucker hinzu. Püriere die Zutaten 10 Sekunden/ Stufe 5.

2. Danach kochst du die Masse ohne Messbecher 32 Minuten/ 100°C/ Stufe 2 ein. Falls du gefrorene Kirschen verwendet hast, verlängere die Kochzeit um 5 Minuten.

3. Zum Schluss setzt du den Messbecher auf und pürierst die Masse 15 Sekunden/ Stufe 6. Fülle den Cherry-Curd heiß in saubere Schraubgläser ab. Im Kühlschrank ist er ungeöffnet drei Wochen haltbar.

mixtipp
Passt perfekt zu den Frühstückmuffins mit Kokos auf Seite 116.

mixtipp

Ich bereite den Curd mit Kornelkirschen zu. Sehr lecker!

2 Gläser　10 h 30 Min.　leicht

WALD IM GLAS – FICHTENNADEL-GELEE

Zubereitungszeit: 30 Minuten
Ziehzeit: 10 Stunden
Utensilien: Sieb, Schüssel,
2 Schraubgläser à 300 ml
Zutaten für 2 Gläser

---

200 g Fichtennadelspitzen,
ersatzweise Tannennadelspitzen

---

380 g Wasser

---

ein paar Tropfen Zitronensaft

250–300 g Gelierzucker 1:1

1. Als Erstes wäschst du die Fichtennadelspitzen und lässt sie abtropfen. Dann gibst du sie mit dem Wasser in den Mixtopf und kochst sie 18 Minuten/ 100°C/ Stufe 2. Lass die Nadeln über Nacht im geschlossenen Mixtopf ziehen.

2. Am nächsten Morgen gießt du die eingeweichten Fichtennadeln in ein Sieb. Fange die Kochflüssigkeit in einer Schüssel auf.

3. Wiege diese Flüssigkeit sowie ein paar Tropfen Zitronensaft in den Mixtopf ein. Dann gibst du die gleiche Menge an Gelierzucker dazu und kochst die Mischung 10 Minuten/ 100°C/ Stufe 2 zu Gelee ein.

4. Das Fichtennadel-Gelee füllst du heiß in saubere Schraubgläser. Kühl und dunkel gelagert ist es vier Monate haltbar.

mixtipp

Die Fichtennadelspitzen erntet man je nach Witterung und Lage von Anfang Mai bis Anfang Juni, sie sollten noch schön hellgrün und weich sein. Verwende unbedingt nur den jungen, hellgrünen Teil der Fichtennadeln! Später schmecken sie bitter. Um dem Baum nicht zu schaden, solltest du nicht zu viele junge Triebe von einem Baum ernten.

DIPS

2 Gläser | 10 Min. | leicht

AVOCADO-VERFÜHRUNG

Zubereitungszeit: 10 Minuten
Utensilien: 2 Schraubgläser
à 200 ml
Zutaten für 2 Gläser

---

2 Avocados, reif und weich

---

10 g Zitronensaft

½ TL Senf, mittelscharf

---

10 g heller Balsamicoessig

¼ TL Salz

---

1 Prise Zucker

---

4 TL Öl, z.B. Oliven-, Raps- oder Sonnenblumenöl

---

1. Zuerst halbierst du die Avocados, entfernst jeweils den Kern und schälst das Fruchtfleisch aus der Schale.

2. Fülle das Avocadofruchtfleisch mit Zitronensaft, Senf, Balsamicoessig sowie Salz und Zucker in den Mixtopf und vermische diese Zutaten 3 Sekunden/ Stufe 4. Danach schiebst du alles mit dem Spatel nach unten. Wiederhole diesen Vorgang ungefähr vier bis fünfmal, so dass eine feine Creme ohne Stückchen entsteht.

3. Gieße nun das Öl bei aufgesetztem Messbecher in den Deckel und lass es 3 Minuten/ Stufe 3,5 in den Mixtopf einlaufen.

4. Schiebe die Reste mit dem Spatel nach unten und schlage die Masse 15 Sekunden/ Stufe 3,5 cremig. Wiederhole diesen Vorgang gegebenenfalls, bis eine homogene Creme entsteht. In einem sauberen Schraubglas kannst du die Avocado-Verführung zwei Tage im Kühlschrank aufbewahren, aber am besten verzehrst du sie sofort.

mixtipp
Wichtig ist, dass du sehr reife und weiche Avocados verwendest – so schmeckt der Dip intensiv und gelingt leicht.

mixtipp
Um beim TM 31 Stufe 3,5 zu verwenden, stelle diesen einfach zwischen Stufe 3 und Stufe 4 ein.

1 Glas 5 Min. leicht

HONIG-SENF-DIP

Zubereitungszeit: 5 Minuten
Utensilien: 1 Schraubglas à 350 ml
Zutaten für 1 Glas

---

235 g Mayonnaise,
z.B. selbst gemacht (s. S. 16)

---

65 g Senf, mittelscharf

---

110 g Honig, flüssig

¼ TL Salz

---

5 g Zitronensaft

Gib die Mayonnaise in den Mixtopf. Füge
den Senf, den Honig, das Salz und den
Zitronensaft hinzu und verrühre die Zutaten
30 Sekunden/ Stufe 3. Fülle den Honig-
Senf-Dip in ein sauberes Schraubglas. Im
Kühlschrank hält er sich etwa eine Woche.

1 Glas 5 Min. leicht

INDISCHER CURRY-DIP

Zubereitungszeit: 5 Minuten
Utensilien: 1 Schraubglas à 350 ml
Zutaten für 1 Glas

235 g Mayonnaise,
z.B. selbst gemacht (s. S. 16)

2 TL Currypulver

65 g Aprikosenmarmelade

Gib die Mayonnaise in den Mixtopf. Füge
das Currypulver und die Marmelade hinzu
und verrühre die Zutaten 30 Sekunden/
Stufe 3. Fülle den Curry-Dip in ein sauberes
Schraubglas. Im Kühlschrank hält er sich
etwa eine Woche.

mix*tipp*

Der Dip schmeckt
sehr lecker zu
Backofenkartoffeln.

1 Glas   30 Min.   leicht

ERDBEER-SENF

Zubereitungszeit: 30 Minuten
Utensilien: 1 Schraubglas
à 150 ml
Zutaten für 1 Glas

80 g gelbe Senfsaat, gefroren

200 g Erdbeeren, gewaschen, entgrünt und halbiert, ersatzweise Erdbeermarmelade

40 g Rohrzucker

60 g dunkler Balsamicoessig

½ TL Salz

Pfeffer, nach Belieben

1. Zuerst gibst du die Senfsaat in den Mixtopf. Decke den Messbecher mit einem Tuch ab, damit kein Senfmehl austritt, und mahle die Senfsaat 30 Sekunden/ Stufe 10. Fülle sie anschließend in ein Schälchen um.

2. Wasche nun die Erdbeeren, befreie sie von den grünen Ansätzen, halbiere sie und gib sie mit dem Rohrzucker in den Mixtopf. Koche diese nun 5 Minuten/ 100°C/ Stufe 2 zu einer Sauce.

3. Lass die Erdbeersauce abkühlen und füge dann Essig, Salz, Pfeffer und Senfmehl hinzu. Verrühre alle Zutaten 30 Sekunden/ Stufe 2. Schiebe den Erdbeersenf mit dem Spatel nach unten und verrühre ihn erneut 10 Sekunden/ Stufe 2. Fülle den fertigen Senf in ein sauberes Schraubglas ab, im Kühlschrank aufbewahrt ist er ungeöffnet drei Monate haltbar.

mixtipp
Gefrorene Senfsaat lässt sich feiner mahlen und erhitzt sich beim Mahlen nicht so stark, das ist besser für das Aroma.

2 Gläser | 10 Min. | leicht

FRUCHTIGER EIER-DIP

Zubereitungszeit: 10 Minuten
Utensilien: 2 Schraubgläser
à 250 ml
Zutaten für 2 Gläser

---

1 Apfel, gewaschen, entkernt,
in Stücken

---

1 Zwiebel, geschält und halbiert

---

3 hartgekochte Eier, Größe M

---

1 TL Senf

---

200 g Saure Sahne, ersatzweise
Sauerrahm

---

1 TL Salz

Pfeffer, nach Belieben

---

1. Als Erstes wäschst du den Apfel und halbierst und entkernst ihn. Danach schneidest du ihn in ca. 10 gleichgroße Stücke und gibst diese in den Mixtopf.

2. Schäle und halbiere dann die Zwiebel und gib sie zu den Apfelstücken in den Mixtopf.

3. Anschließend schälst du die Eier und fügst sie ebenfalls in den Mixtopf. Nun zerkleinerst du die Zutaten 10 Sekunden/ Stufe 4. Schiebe die Masse mit dem Spatel nach unten und gib Senf, Saure Sahne sowie Salz und Pfeffer dazu.

4. Dann vermischst du die Zutaten noch einmal 15 Sekunden/ Linkslauf/ Stufe 3.

5. Wenn du den Dip nicht sofort aufisst, kannst du ihn in einem sauberen Schraubglas zwei Tage im Kühlschrank lagern.

mix**tipp**
Schmeckt gut zu Ofen-
oder Pellkartoffeln.

mix**tipp**

Du kannst die Eier auch im
Thermomix® kochen!

1 Glas | 10 Min. | leicht

TOMATIGER KNOBLAUCH-DIP

Zubereitungszeit: 10 Minuten
Utensilien: 1 Schraubglas
à 250 ml
Zutaten für 1 Glas

2 kleine Chilischoten, getrocknet,
z.B. von Bio Wagner

6 eingelegte Knoblauchzehen,
z.B. von Dittmann, ersatzweise
4 frische Knoblauchzehen

50 g Toastbrot ohne Rinde,
in groben Stücken

¼ Muskatnuss, gerieben

2 TL Salz

1 TL Zucker

40 g Tomatenmark

30 g Apfelessig

70 g Wasser

45 g Olivenöl

1. Als Erstes gibst du die Chilischoten, die Knoblauch-zehen und das Toastbrot in den Mixtopf und zerklei-nerst die Zutaten 8 Sekunden/ Stufe 5.

2. Anschließend füllst du Muskatnuss, Salz, Zucker, Tomatenmark, Apfelessig und Wasser in den Mixtopf und verrührst die Zutaten 10 Sekunden/ Stufe 3,5. Schiebe danach den Dip mit dem Spatel nach unten.

3. Stelle nun den Thermomix® ohne Zeiteingabe auf Stufe 3. Bei aufgesetztem Messbecher gießt du das Olivenöl auf den Deckel und lässt es in den Mixtopf tröpfeln. Dies sollte ungefähr 3 Minuten dauern. Du kannst den Dip in einem sauberen Schraubglas sieben Tage im Kühlschrank lagern.

mix*tipp*

Schmeckt gut zu Gegrilltem und Scampi.

mixtipp

Um beim TM 31 Stufe 3,5 zu verwenden, stelle diesen einfach zwischen Stufe 3 und Stufe 4 ein.

| 1 Glas | 5 Min. | leicht |

ORIENTALISCHER SCHAFSKÄSE-DIP

Zubereitungszeit: 5 Minuten
Utensilien: 1 Schraubglas
à 350 ml
Zutaten für 1 Glas

50 g Lauch, gewaschen, am Stück

150 g Schafskäse (Feta)

200 g griechischer Joghurt, 10 % Fett

1 TL Salz

3 TL orientalische Gewürzmischung (s. S. 12)

1 TL Zucker

1. Wasche den Lauch und stelle den Stängel zwischen die Messer im Mixtopf. Zerkleinere ihn dann 6 Sekunden/ Stufe 5 und schiebe mit dem Spatel die Stücke nach unten.

2. Danach gibst du den Schafskäse, den Joghurt, das Salz, die Gewürzmischung und den Zucker zum Lauch und vermischst die Zutaten 10 Sekunden/ Stufe 4. Schiebe nun mit dem Spatel die Mischung wieder nach unten und verrühre den Dip nochmals 20 Sekunden/ Stufe 4.

3. Fülle den Schafskäse-Dip in ein sauberes Schraubglas und stelle ihn bis zum Verzehr im Kühlschrank kalt. Dort hält er sich drei Tage.

mix*tipp*

Statt Lauch kannst du auch einfach frische Kräuter oder schwarze Oliven verwenden!

mix tipp

Schmeckt lecker zu Tacos
oder Kartoffeln.

2 Gläser | 30 Min. | leicht

SÜSS-SAURER CHINA-DIP

Zubereitungszeit: 30 Minuten
Utensilien: 2 Schraubgläser
à 250 ml
Zutaten für 2 Gläser

---

350 g Ananas, frisch, alternativ aus der Dose, in groben Stücken

---

2 kleine Zwiebeln, geschält und halbiert

---

2 TL Stärkemehl

---

1 TL Wasser

---

120 g Tomaten, passiert

---

1 EL dunkler Balsamicoessig

---

1 Nelke

½ TL Senfkörner, ersatzweise Senf

80–100 g Zucker, nach Belieben

---

1 TL bunte Pfefferkörner (ersatzweise ½ TL schwarze Pfefferkörner)

---

1 TL Curry

½ TL Salz

---

1. Bereite zunächst die Ananas vor, indem du sie schälst und mit einem Messer in Stücke schneidest. Stelle diese in einer separaten Schale zur Seite. Schäle dann die Zwiebeln, halbiere sie und gib sie in den Mixtopf. Zerkleinere die Zwiebeln 4 Sekunden/ Stufe 5 und schiebe die Reste mit dem Spatel nach unten.

2. Rühre als Nächstes in einem separaten Schälchen Stärkemehl und Wasser glatt und füge die Mischung zu den Zwiebelstücken hinzu.

3. Gib nun Ananasstücke, passierte Tomaten, Essig, Nelke, Senfkörner, Zucker, Pfefferkörner, Curry und Salz in den Mixtopf und koche alle Zutaten 20 Minuten/ 100°C/ Stufe 1.

4. Püriere anschließend den Dip 30 Sekunden/ Stufe 6–10 ansteigend. Fülle den süß-sauren China-Dip noch heiß in saubere Schraubgläser. Im Kühlschrank aufbewahrt ist er vier Wochen haltbar.

3 Gläser | 25 Min. | leicht

AMERIKANISCHE BBQ-SAUCE

Zubereitungszeit: 25 Minuten
Utensilien: 3 Schraubgläser
à 240 ml
Zutaten 3 Gläser

---

150 g Zwiebeln, geschält und halbiert

¼–1 Chilischote, getrocknet, z.B. von Bio Wagner, je nach gewünschter Schärfe

---

300 g Ketchup oder selbst gemacht (s. S. 18)

---

1 TL Salz

---

300 g Cola

---

1 EL Curry

---

50 g Worcestershiresauce

---

1 EL Speisestärke

---

1. Gib zunächst die Zwiebeln und die Chilischote in den Mixtopf und hacke beides 5 Sekunden/ Stufe 5 klein. Schiebe die Reste mit dem Spatel nach unten und hacke die Zwiebel-Chili-Mischung erneut 3 Sekunden/ Stufe 5. Schiebe die Mischung mit dem Spatel wieder nach unten.

2. Gib Ketchup, Salz, Cola, Curry und Worcestershiresauce in den Mixtopf und koche die Sauce 15 Minuten/ 100°C/ Stufe 1.

3. Anschließend fügst du die Speisestärke dazu und pürierst die Zutaten 15 Sekunden/ Stufe 5–6 ansteigend. Danach kochst du die Sauce für weitere 5 Minuten/ 100°C/ Stufe 1. Schließlich füllst du die BBQ-Sauce noch heiß in saubere Schraubgläser. Im Kühlschrank ist die Sauce ungeöffnet 4 Wochen haltbar.

mix**tipp**

Wenn du es gerne rauchig magst, kannst du noch etwas Raucharoma in die BBQ-Sauce geben.

mixtipp

Schmeckt gut zu Tacos,
Pommes Frites, Würstchen
und Co.

1 Glas 20 Min. leicht

SMOKY COWBOY-DIP

Zubereitungszeit: 20 Minuten
Utensilien: 1 Schraubglas
à 150 ml
Zutaten für 1 Glas

1 Knoblauchzehe

1 Zwiebel, geschält und halbiert

100 g Speckwürfel

20 g Olivenöl

100 g Rohrzucker, braun

20 g Weißweinessig

75 g Honig

2–3 TL Instantkaffee

1 TL Paprikapulver, edelsüß

½ TL Zimt

¼ TL Tabasco

40 g Gin oder Whiskey, je nach
Geschmack

1. Zuerst gibst du den geschälten Knoblauch und die Zwiebelhälften in den Mixtopf und hackst beides 3 Sekunden/ Stufe 5.

2. Schiebe anschließend mit dem Spatel die Stücke nach unten und füge die Speckwürfel und das Öl dazu. Dünste dann die Zwiebel-Speck-Mischung 7 Minuten/ Varoma/ Sanftrührstufe an.

3. Danach gibst du Rohrzucker, Weißweinessig, Honig, Instantkaffee, Paprikapulver, Zimt, Tabasco und Alkohol in den Mixtopf und garst die Mischung 7 Minuten/ Varoma/ Stufe 1.

4. Zum Schluss vermischst du den Dip noch mal 5 Sekunden/ Stufe 6 und füllst ihn heiß in ein saubeares Schraubglas um. Im Kühlschrank kannst du den Cowboy-Dip ungeöffnet vier Wochen lagern.

mixtipp

Schmeckt sehr gut zu Käse,
zu Gegrilltem, auf Burgern
und Sandwiches.

1 Glas | 5 Min. | leicht

CHILI-PAPRIKA-HUMMUS

Zubereitungszeit: 5 Minuten
Utensilien: 1 Schraubglas
à 450 ml
Zutaten für 1 Glas

---

260 g Kichererbsen, aus der
Dose, abgetropft

---

150 g rote Paprika, eingelegt,
geröstet und in groben Stücken,
z.B. von „Beste Ernte"

---

1 kleine Chilischote, getrocknet,
z.B. von Bio Wagner

---

15 g Olivenöl

---

40 g Sesammus (s. S. 20)

---

2 TL Paprikapulver

½ TL Kreuzkümmel

---

35 g Zitronensaft

½ TL Zucker

---

1 ½ TL Salz

---

1. Gieße als Erstes die Kichererbsen ab und gib sie mit den Paprikastücken, der Chilischote, dem Olivenöl, dem Paprika- und Kreuzkümmelpulver, dem Zitronensaft sowie dem Zucker und dem Salz in den Mixtopf.

2. Dann pürierst du die Zutaten 20 Sekunden/ Stufe 5, schiebst die Mischung mit dem Spatel nach unten und pürierst sie nochmals 15 Sekunden/ Stufe 6, so dass eine homogene Masse entsteht.

3. Fülle den Chili-Paprika-Hummus in ein sauberes Schraubglas und bewahre ihn im Kühlschrank auf. Dort hält er sich zwei Wochen.

2 Gläser | 5 Min. | leicht

ZIEH DICH WARM AN – KÄSE-DIP

Zubereitungszeit: 5 Minuten
Utensilien: 2 Schraubgläser
à 200 ml
Zutaten für 2 Gläser

35 g Lauch, gewaschen, am Stück

200 g Schmelzkäse, in Scheiben

50 g Lachsschinken, gewürfelt

1 TL Paprikapulver

½ TL Salz

100 g Sahne

50 g Weißwein

1. Als Erstes stellst du das gewaschene Lauchstück zwischen die Messer im Mixtopf und legst den Schmelzkäse dazu. Zerkleinere die Zutaten 15 Sekunden/ Stufe 4 und schiebe die Stücke danach mit dem Spatel nach unten.

2. Dann gibst du Lachsschinkenwürfel, Paprikapulver, Salz, Sahne und Weißwein dazu und lässt die Mischung 2 Minuten/ 50°C/ Stufe 2 schmelzen. Am Besten warm genießen! In einem sauberen Schraubglas hält sich der Käse-Dip drei Tage im Kühlschrank.

mixtipp
Schmeckt auch als vegetarische Variante ohne Lachsschinken fein!

mixtipp
Dieser Dip schmeckt auch kalt als Brotaufstrich sehr gut.

GEBÄCK

1 Brot | 1 h 25 Min. | mittel

TOPFBROT

Zubereitungszeit: 5 Minuten
Ruhezeit: 10 Minuten,
50°C Ober-/Unterhitze
Backzeit: 1 Stunde 10 Minuten,
200°C Ober-/Unterhitze
Utensilien: 1 Topf mit Deckel,
backofentauglich, ca. 3,2 l
Fassungsvermögen
Zutaten für 1 Brot

600 g Weizenmehl, Type 550

1 Würfel Frischhefe, zerbröselt

300 g Milch

400 g körniger Frischkäse

2 TL Zucker

2 TL Salz

Speiseöl und 2–3 EL Mohnsamen
für die Form

1. Fülle Weizenmehl, Hefe, Milch, Frischkäse, Zucker und Salz in den Mixtopf und vermische die Zutaten 2 Minuten/ Teigknetstufe.

2. Bereite währenddessen den Topf vor, indem du ihn einölst und den Boden sowie den Rand gleichmäßig mit 1–2 EL der Mohnsamen ausstreust. Heize den Backofen auf 50°C Ober-/Unterhitze vor.

3. Gib nun den Teig in den vorbereiteten Topf und streue den restlichen EL Mohnsamen über den Teigkloß. Stelle den verschlossenen Topf für 10 Minuten/ 50°C Ober-/Unterhitze in den Backofen.

4. Erhöhe nun die Temperatur auf 200°C und backe das Brot mit Deckel 30 Minuten. Währenddessen den Deckel unbedingt geschlossen lassen, damit die Feuchtigkeit, die das Brot besonders fluffig macht, nicht entweicht.

5. Nach 30 Minuten entfernst du den Topfdeckel und lässt das Brot weitere 40 Minuten fertigbacken.

mixtipp
Du kannst das Brot natürlich auch in einer Kastenform backen, verwende dann 100 g mehr Milch.

mix tipp

Die Teigmenge ist ausreichend für zwei Kastenformen.

2 Stück　　1 h 10 Min.　　mittel

RUSTIKALES BAGUETTE

Zubereitungszeit: 10 Minuten
Ruhezeit: 30 Minuten
Backzeit: 30 Minuten,
200°C Ober-/Unterhitze
Utensilien: Backblech und
-papier
Zutaten für 2 Baguettes

---

100 g Roggenkörner, ganz

---

400 g Weizenmehl, Type 550

½ Würfel Frischhefe, zerbröselt

---

2 TL Salz

---

1 Prise Zucker

---

30 g neutrales Öl

---

180 g Milch, lauwarm

---

120 g Wasser, lauwarm

---

1. Fülle als Erstes die Roggenkörner in den Mixtopf und mahle sie 1 Minute/ Stufe 10 zu Roggenvollkornmehl.

2. Anschließend gibst du Weizenmehl, Hefe, Salz, Zucker, Öl, Milch und Wasser in den Mixtopf und knetest die Mischung 1 Minute/ Teigknetstufe. Danach lässt du den Teig im Mixtopf abgedeckt, an einem warmen Ort 20 Minuten gehen.

3. Nach der Ruhezeit knetest du den Teig 20 Sekunden/ Teigknetstufe und anschließend mit den Händen auf einer bemehlten Arbeitsfläche nochmal kurz durch. Teile den Teig in zwei gleich große Stücke und forme daraus zwei Baguettes. Lege diese auf ein mit Backpapier belegtes Blech und decke sie mit einem Küchentuch ab. Lass die Baguettes 10 Minuten gehen. Währenddessen heizt du den Backofen auf 200°C Ober-/Unterhitze vor.

4. Nach der Gehzeit besprühst du die Baguettes mit Wasser und backst sie im vorgeheizten Backofen auf mittlerer Schiene ca. 30 Minuten/ 200°C Ober-/ Unterhitze.

mixtipp

Zur Dampferzeugung kannst du zu Beginn der Backzeit ein paar Eiswürfel auf den Boden des Backofens geben. Der Dampf macht die Baguettes besonders knusprig.

10 Stück | 1 h 30 Min. | mittel

KNUSPERSTANGEN

Zubereitungszeit: 15 Minuten
Ruhezeit: 1 Stunde
Backzeit: 15 Minuten,
200°C Ober-/Unterhitze
Utensilien: Backblech und
-papier, ofenfestes Schälchen
Zutaten für 10 Stück

70 g Wasser

½ Packung Trockenhefe

1 TL Zucker

1 Eiweiß, Größe M

200 g Weizenmehl, Type 550

35 g Öl, z.B. Oliven-, Raps-
oder Sonnenblumenöl

1 TL Salz

Zum Bestreuen: Mohn, Sesam,
Schwarzkümmel, Kräuter oder
Gewürze; je nach Geschmack

1. Zuerst gibst du Wasser, Trockenhefe und Zucker in den Mixtopf und erwärmst die Zutaten 3 Minuten/ 37°C/ Stufe 2.

2. Dann fügst du Eiweiß, 190 g Mehl, 25 g Öl und Salz hinzu und knetest daraus 2 ½ Minuten/ Teigknetstufe einen Teig. Den Teig lässt du im Mixtopf zugedeckt an einem warmen Ort eine Stunde gehen.

3. Heize den Backofen auf 200°C Ober-/Unterhitze vor und stelle eine ofenfeste Schale mit Wasser auf den Herdboden. Lege das Backpapier auf das Backblech.

4. Gib nun die restlichen 10 g Mehl zum Teig und knete ihn nochmals 30 Sekunden/ Teigknetstufe. Dann gibst du den Teig auf eine bemehlte Arbeitsfläche und teilst ihn in 10 gleichgroße Portionen. Diese rollst du zu jeweils etwa 30 cm langen, dünnen Stangen und legst sie auf das Backblech.

5. Bestreiche die Stangen mit den restlichen 10 g Öl und bestreue sie mit Mohn, Sesam, Schwarzkümmel, Kräutern oder Gewürzen, je nach Geschmack.

6. Nun backst du die Knusperstangen 15 Minuten/ 200°C Ober-/Unterhitze. Sie sollen goldbraun sein, eventuell musst du die Backzeit um ein paar Minuten verlängern. Lass die Knusperstangen auf einem Gitter auskühlen, frisch sind sie am leckersten!

mixtipp
Ideal in Kombination zu meinen Dips!

14 Muffins | 1 h 15 Min. | mittel

KARIBIK AM MORGEN – FRÜHSTÜCKSMUFFINS MIT KOKOS

Zubereitungszeit: 15 Minuten
Ruhezeit: 30 Minuten
Backzeit: 30 Minuten,
180°C Ober-/Unterhitze
Utensilien: 1 Muffin-Backblech,
Muffin-Papierförmchen
Zutaten für 14 Muffins

400 g Kokosnussmilch

80 g Milch

600 g Weizenmehl, Type 550

35 g Zucker

10 g Sonnenblumenöl

2 Eier, Größe M

130 g Butter, weich, in Stücken

1 Würfel Frischhefe, zerbröselt

1 Eigelb

Kokosraspel, zum Bestreuen

1. Gib zunächst Kokosmilch und Milch in den Mixtopf und erwärme sie zusammen 4 Minuten/ 50°C/ Rührstufe.

2. Dann gibst du Mehl, Zucker, Öl, Eier, Butter und die zerbröselte Hefe zur Flüssigkeit und knetest die Zutaten 3 Minuten/ Teigknetstufe zu einem homogenen Teig.

3. Lass den Teig anschließend im Mixtopf (mit Deckel aber ohne Messbecher) 25–30 Minuten gehen. In der Zwischenzeit kannst du die Papierförmchen in das Muffinblech stellen.

4. Nach der Gehzeit knetest du den Teig 1 Minute/ Teigknetstufe nochmals durch und füllst ihn mit einem Löffel in die Papierförmchen. Wenn der Teig sehr flüssig ist, gibst du noch 2 EL Mehl zum Teig und mischst dieses 45 Sekunden/ Teigknetstufe unter. Fülle die Förmchen ganz voll, so dass der Teig für 14–15 Stück reicht.

5. Verquirle das Eigelb in einer Schüssel und bestreiche die Muffins damit. Dann backst du den Teig 30 Minuten/ 180°C Ober-/Unterhitze auf der 2. Schiene von unten im Backofen (ohne Vorheizen). Bestreue die Muffins nach dem Backen mit Kokosraspeln.

mixtipp

Die Muffins sind wenig gesüßt, serviere sie mit Butter oder Marmelade. Sehr gut schmeckt z.B. der Cherry-Curd (s. S. 80) dazu.

mixtipp

MIXT DU SCHON?

Du bist ein Fan des Thermomix®?

Du hast kreative Ideen, die du gerne mit deinem Thermomix® umsetzt?

Du möchtest immer wieder neue Rezepte mit deinem Thermomix® ausprobieren?

Dann suchen wir dich!

Ob internationale Küche, feine Backideen oder saisonale Rezepte, von der Haute Cuisine bis zur Hausmannskost, vom Lieblingsessen für die Kleinen bis zu raffinierten Spezialitäten für die große Party – wir suchen innovative Ideen fürs Kochen mit dem Thermomix®!

Wenn du Lust hast, ein Kochbuch mit uns zu machen, Rezepte für eins unserer nächsten Thermomix®-Bücher aus deiner persönlichen Sammlung beizusteuern oder deine Tipps und Tricks mit anderen Thermomix®-Fans teilen willst, melde dich bei uns:

Edition Lempertz, Team mixtipp, Hauptstr. 354, 53639 Königswinter
Tel.: 02223 / 900036, Fax: 02223 / 900038
info@edition-lempertz.de, www.edition-lempertz.de

LEMPERTZ

**mixtipp:
Lieblingsrezepte aus der
österreichischen Küche**
ca. 104 Seiten,
Format: 17 x 24 cm,
Klappenbroschur,
durchgehend farbig bebildert,
ISBN: 978-3-96058-111-6, **9,99 €**
Erscheint September 2017

**mixtipp:
Lieblings-Wurstrezepte**
ca. 104 Seiten,
Format: 17 x 24 cm,
Klappenbroschur,
durchgehend farbig bebildert,
ISBN: 978-3-96058-112-3, **9,99 €**
Erscheint September 2017

**mixtipp:
MitOHNEkochen – Gluten- und
Lactose(milch)frei aus dem
Thermomix®**
ca. 104 Seiten,
Format: 17 x 24 cm,
Klappenbroschur,
durchgehend farbig bebildert,
ISBN: 978-3-96058-109-3, **9,99 €**
Erscheint ca. Oktober 2017

Österreicher essen für ihr Leben gern.
Na ja, zumindest unserer in Wien
geborenen Autorin geht für genuss-
volles Leben nichts über ein leckeres
Essen! Was lag da für sie näher, als
die Rezepte ihrer Heimat fitt für den
Thermomix® zu machen? Vom Apfel-
strudel bis zum Zwetschgenknödel,
von den Klassikern Kärntner Kasnudeln
und Kaiserschmarrn bis hin zu Salz-
burger Nockerln und (natürlich!) der
Sachertorte ist hier alles zu finden, was
Genießer glücklich macht. Und wer
mit Begriffen wie Biskuitschöberl oder
Ochsenschlepp noch nicht viel anfan-
gen kann: Keine Panik, ein Wörterbuch
übersetzt dir alles ins Hochdeutsche!

Vor fast 40 Jahren startete Metzger-
meister Rainer Hellmann seine Lehre
– und die Leidenschaft für gutes Essen
wurde zu seiner Berufung. Nun möchte
er sein Wissen mit interessierten Ther-
momixern teilen und Hobbyköchen die
Grundlagen der „Metzgerei für den
Hausgebrauch" nahebringen. Schritt
für Schritt werden hier die Zubereitung
der drei grundlegenden Wurstarten
(Brüh-, Koch- und Rohwurst) erklärt
und zudem noch komplette Gerichte
vorgestellt, mit denen du Familie oder
Gäste überraschen kannst.

Wer gluten- und lactosefrei leben
will oder muss, vermisst oft die
leckeren Sachen aus allergiefreien
Zeiten. So erging es auch unseren
Autorinnen Amelie von Kruedener und
Beate Hendrian. Die fast zeitgleiche
Diagnose vor ein paar Jahren war
zunächst ein Schock, bevor allmählich
das Entdecken losging: Schnell waren
sie begeistert, wie unkompliziert und
doch schmackhaft nun die Rezepte
für Frühstück, Kuchen und Desserts,
Snacks, Pasta, Getreidegerichte und
Saucen aussehen konnten. Gemein-
sam mit dem Team mixtipp machen
die beiden berufstätigen Mütter mit
diesem Buch das MitOHNEkochen
nun alltagstauglich: Die Ergebnisse
sind köstliches Brot, saftige Brownies,
himmlischer Frischkäse, selbstgemach-
ter Joghurt und noch so viel mehr –
alles aus bezahlbaren Zutaten und im
Thermomix® in Windeseile zubereitet.

Gratis-Exemplar sichern!

Sichern Sie sich zum Kennenlernen der MIXX-Zeitschrift jetzt ein Gratis-Exemplar im Wert von 4,90 €!

Name

Vorname

Adresse

☐ Ja, schicken Sie mir Ihren kostenlosen E-Mail-Newsletter und halten Sie mich über Neuheiten und Sonderangebote des Heel-Verlags auf dem Laufenden!

E-Mail-Adresse

Ihre Daten werden von der HEEL Verlag GmbH gespeichert, um Ihnen Informationen aus unserem Verlagsprogramm zukommen zu lassen. Ihnen entstehen weder Kosten noch Verpflichtungen. Sie können sich jederzeit vom Newsletter abmelden.

Datum

Unterschrift

Teilnahmebedingungen: Dieser Gutschein ist nur auf postalischem Weg einzulösen. Pro Person nur ein Gutschein gültig

HEEL Verlag GmbH, MIXX-Redaktion, Pottscheidt 1, 53639 Königswinter
Tel.: 02223/9230-0, Fax: 02223/9230-13/26, www.heel-verlag.de